Impressum
Verlag: BABADADA GmbH, Nedderfeld 112 , 22529 Hamburg
Geschäftsführer / Verlagsleitung: Harald Hof
Druck: Books on Demand GmbH, In de Tarpen 42, 22848 Norderstedt

Imprint
Publisher: BABADADA GmbH, Nedderfeld 112 , 22529 Hamburg, Germany
Managing Director / Publishing direction: Harald Hof
Print: Books on Demand GmbH, In de Tarpen 42, 22848 Norderstedt, Germany

escola

ቤት-ትምህርቲ

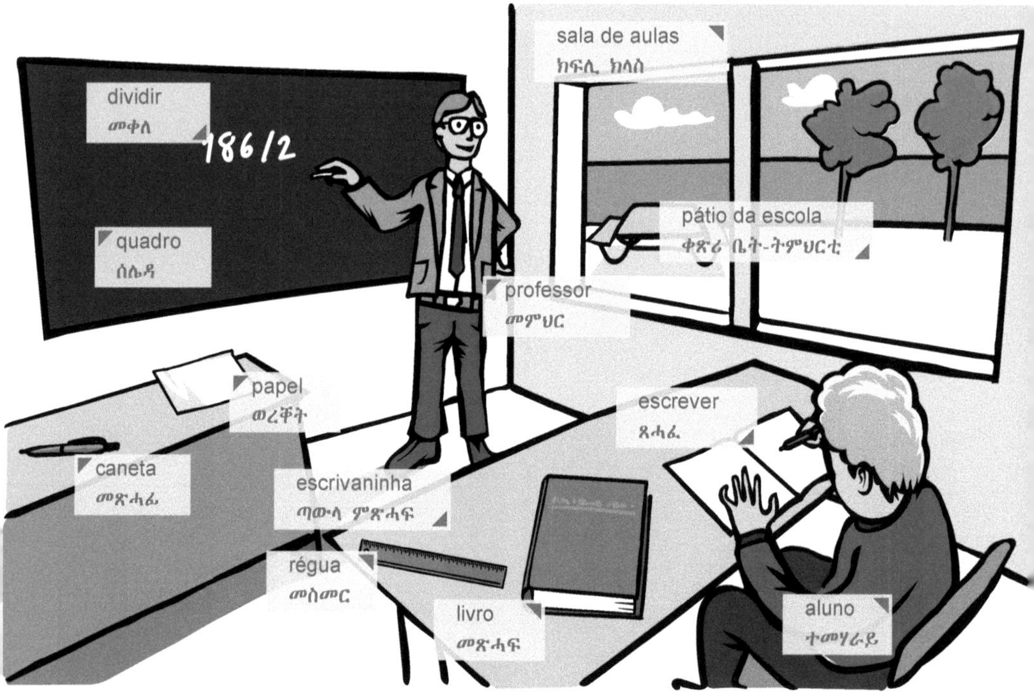

sala de aulas
ክፍሊ ክላስ
dividir
መቀለ
186/2
quadro
ሰሌዳ
professor
መምህር
pátio da escola
ቀጽሪ ቤት-ትምህርቲ
papel
ወረቐት
escrever
ጸሓፈ
caneta
መጽሓፊ
escrivaninha
ጣውላ ምጽሓፍ
régua
መስመር
livro
መጽሓፍ
aluno
ተመሃራይ

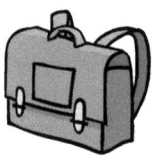

sacola

ሳንጣ ትምህርቲ

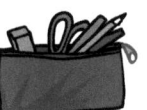

estojo de lápis

ሰፈር ብርዒ

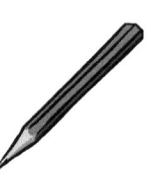

lápis

ርሳስ

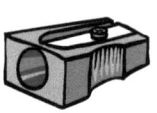

apontador de lápis

መብልሒ ርሳስ

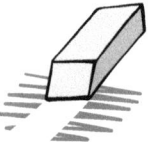

borracha

መደምሰሲ

bloco de desenho

ጥራዝ ስእሊ

desenho

ስእሊ

pincel

ብሩሽ ቀለም

estojo de tintas

ቦክስ ቀለም

tesoura

መቐስ

cola

መጣበቒ

livro de exercícios

ጥራዝ መላመዲ

lição de casa

ዕዮ ገዛ

12

número

ቑጽሪ

2+2

somar

መሰኽ

5-2

subtrair

ጐደለ

2×2

multiplicar

ረብሐ

calcular

ደመረ

A

letra

ፊደል

ABCDEFG HIJKLMN OPQRSTU VWXYZ

alfabeto

ስርዓት ፊደላት

hello

palavra

ቃል

texto

ጽሑፍ

ler

ኣንበበ

giz

ኩርሽ

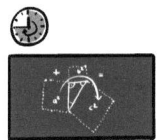

hora

ሰዓት

registro da classe

መዝገብ ክላስ

exame

መርመራ

certificado

ሰርቲፊከት

uniforme escolar

ድቢዛ ቤትትምህርቲ

educação

ትምህርቲ

enciclopédia

ለክሲኮን

universidade

ዩኒቨርሲቲ

microscópio

ሚክሮስኮፕ

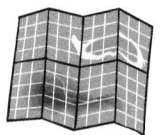

mapa

ካርታ

cesto de lixo

ጎሓፍ ወረቐት

viagem

መገሻ

hotel
መቐበሊ ኣጋይሽ
Grand
albergue
ሆስተል
ROOMS
casa de câmbio
ቦታ ቅያር ገንዘብ
mala
ባሊጃ
carro
መኪና

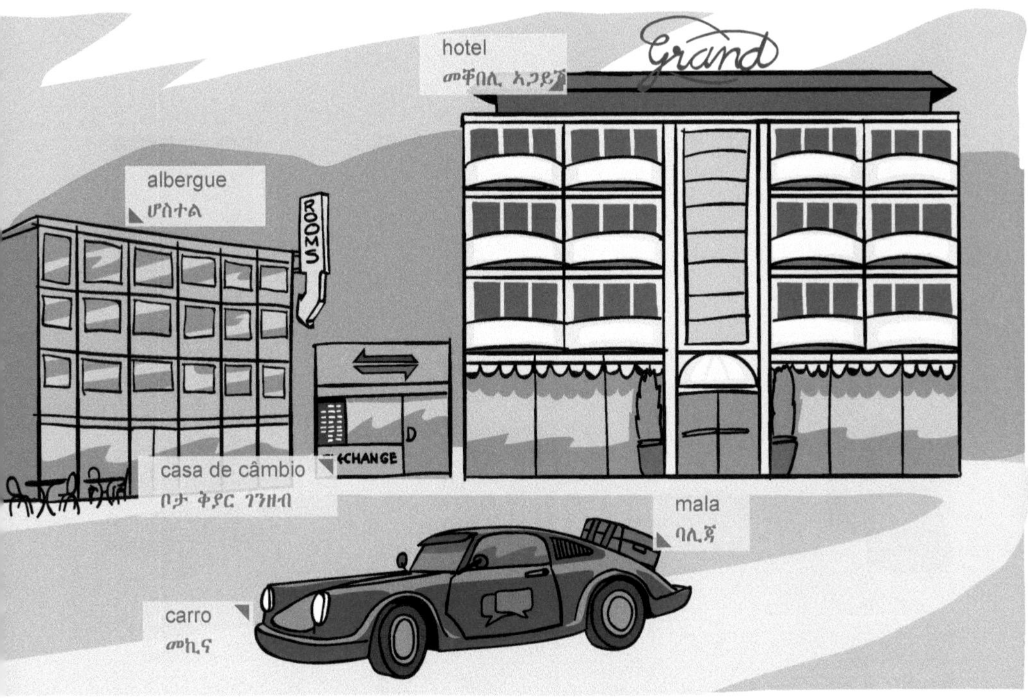

idioma
ቋንቋ

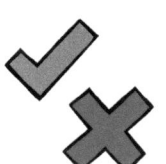

sim / não
እወ / ኖ

ok
ሕራይ

Olá
ሰላም

tradutor
ኣስተርጓሚ

obrigado
የቐንየለይ

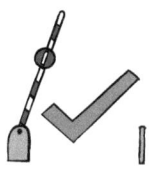

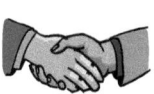

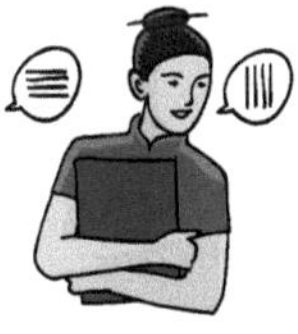

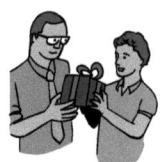

quanto custa...?

. . . ክንደይ ዋግኡ?

eu não entendo

አይተረደአኹን

problema

ሽግር

boa noite!

ሰላም ምሽት!

Bom dia!

ከመይ ሓዲርካ

Boa noite!

ሰላም ለይቲ

até logo

ደሓን ኩን

direção

አንፈት

bagagem

ጉዓዝ

bolsa

ሳንጣ

mochila

ሳንጣ ሕቖ

convidado

ጋሻ

quarto

ክፍሊ

saco de dormir

ክሻ መደቓሲ

barraca

ቴንዳ

informação turística

ሓበሬታ በጻሕቲ ሃገር

praia

ገምገም ባሕሪ

cartão de crédito

ክረዲት ካርድ

café da manhã

ቁርሲ

almoço

ምሳሕ

jantar

ድራር

bilhete

ቲከት

elevador

ሊፍት

selo

ማሕተም ደብዳበ

fronteira

ዶብ

alfândega

ድንና

embaixada

ኤምበሲ

visto

ቪዛ

passaporte

ፓስፖርት

transporte

መጓዓዝያ

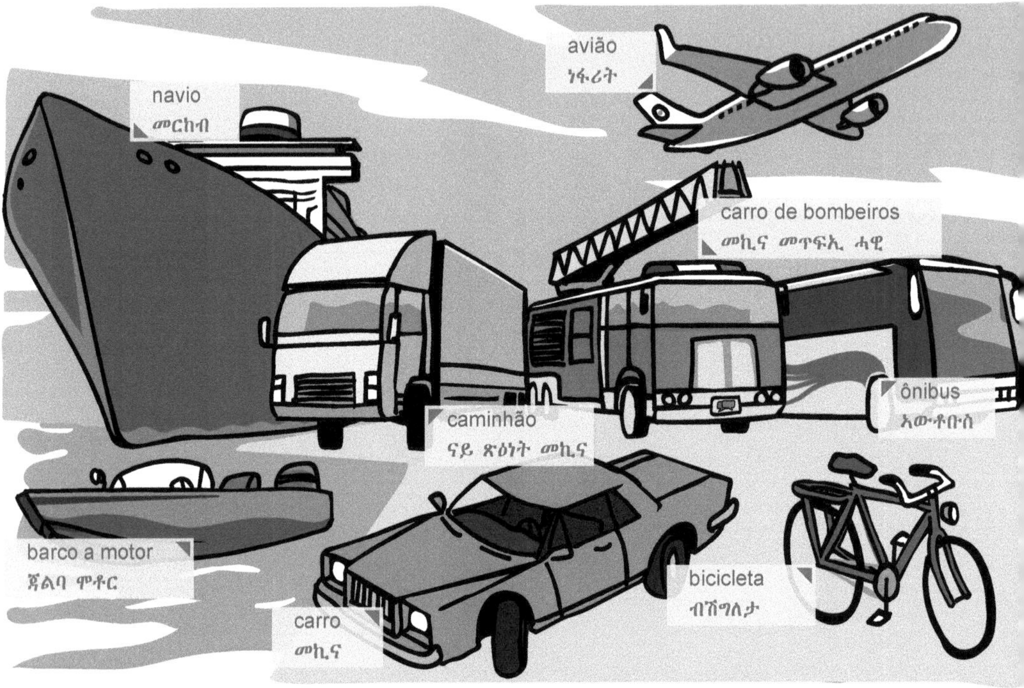

navio
መርከብ
avião
ነፋሪት
carro de bombeiros
መኪና መጥፍኢ ሓዊ
ônibus
ኣውቶቡስ
caminhão
ናይ ጽዕነት መኪና
barco a motor
ጃልባ ሞቶር
bicicleta
ብሽግለታ
carro
መኪና

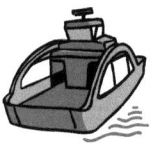

balsa

ፈሪ

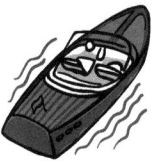

barco

ጃልባ

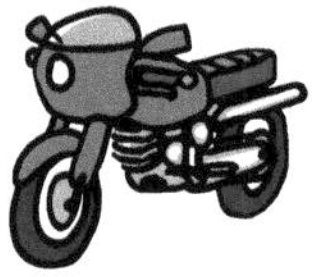

motocicleta

ሞቶ

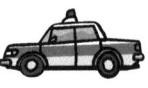

veículo policial

መኪና ፖሊስ

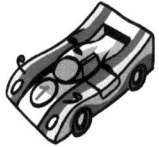

carro de corrida

መኪና ቅድድም

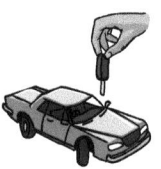

carro de aluguel

ክራይ መኪና

compartilhamento de automóvel

ምውፋይ መካይን

caminhão de reboque

መወሰዲ መኪና

caminhão de lixo

መኪና ጎሓፍ

motor

ሞቶር

combustível

ነዳዲ

posto de gasolina

እንዳ ነዳዲ

placa de trânsito

ምልክት ትራፊክ

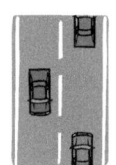

trânsito

ትራፊክ

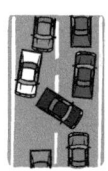

trânsito lento

ምጥቕጫቕ ትራፊክ

estacionamento

መዐሸጊ መኪና

estação de trem

መዕረፊ ባቡር

trilhos

ሓዲግ

trem

ባቡር

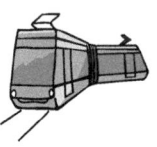

bonde

ትረም

vagão

ባጎኒ

helicóptero

ሄሊኮፕተር

aeroporto

መዓረፈ ነፈርቲ

torre

ታወር

passageiro

ተጓዓዚ

contêiner

ኮንተይነር

cartolina

ሳንዱቕ ካርቶን

carroça

ኮርሳ ጽዕነት

cesto

ዘንቢል

decolar / pousar

ተበገሰ / ዓለበ

cidade

ከተማ

vilarejo

ቀኣሸት

centro da cidade

ማእከል ከተማ

casa

ገዛ

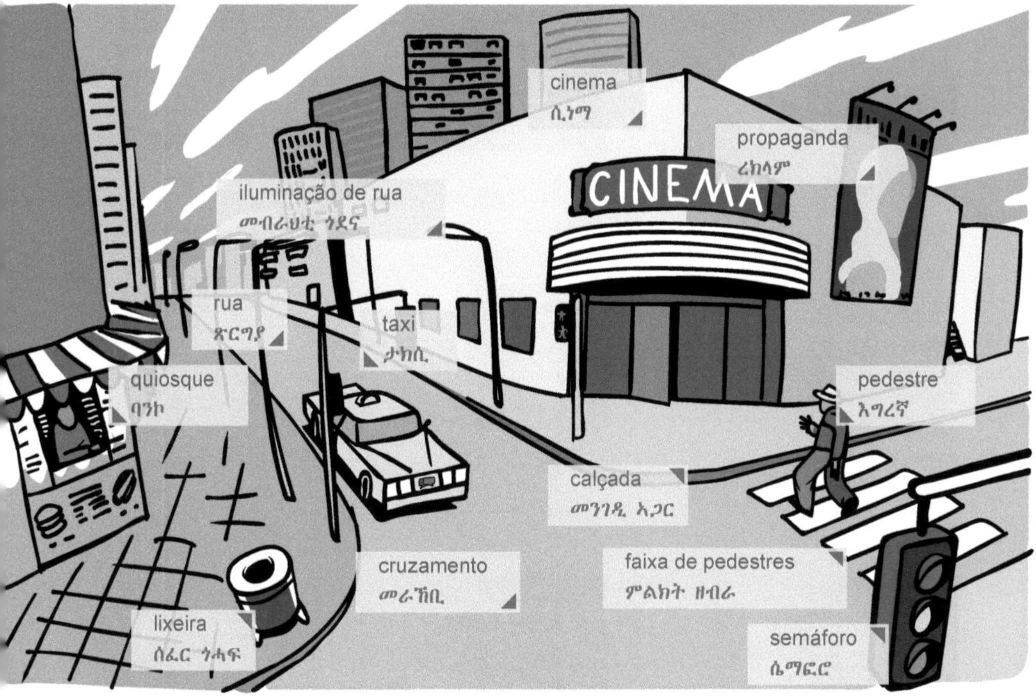

cinema
ሲነማ

propaganda
ሪከላም

iluminação de rua
መብራት-ህቲ ጎደና

rua
ጽርግያ

taxi
ታክሲ

CINEMA

quiosque
ባንኮ

pedestre
እግረኛ

calçada
መንገዲ አጋር

cruzamento
መራኸቢ

faixa de pedestres
ምልክት ዘብራ

lixeira
ሰፈር ጎሓፍ

semáforo
ሴማፎር

cabana

አጉዶ

apartamento

አፓርትመንት

estação de trem

መዕረፊ ባቡር

prefeitura

ቤት ምምሕዳር

museu

ቤተ መዘከር

escola

ቤት-ትምህርቲ

universidade

ዩኒቨርሲቲ

banco

ባንክ

hospital

ሆስፒታል

hotel

መቆበሊ አጋይሽ

farmácia

ቤት መድሃኒት

escritório

ቤት ጽሕፈት

livraria

ዱኳን መጽሐፍቲ

loja

ዱኳን

floricultura

ዱኳን ዕንባባ

supermercado

ሱፐርማርክት

mercado

ዕዳጋ

loja de departamentos

ሹቕ

peixaria

ነጋዳይ ዓሳ

centro comercial

ሹቕ

porto

መርሳ

parque

መዘናግዒ

banco

ባንኪ

ponte

ድልድል

escadas

መደያይቦ

metrô

ባቡር ትሕቲ ምድሪ

túnel

ቢንቶ

ponto de ônibus

መዕረፊ አውቶቡስ

bar

ቤት መስተ

restaurante

ቤት-መግቢ

caixa de correspondência

ሰታሪት

placa de rua

ታቤላ

parquímetro

ሰዓት ፓርኪንግ

zoológico

መካነ እንስሳታት

piscina

መሓምበሲ

mesquita

መስጊድ

fazenda

ቤት ሕርሻ

poluição

ብከላ

cemitério

መቃብር

igreja

ቤተክርስትያን

parquinho

ቦታ ምጽዋት

templo

ቤት መቅደስ

paisagem

ስእሊ መሬት

folha
ኣቝጽልቲ

placa de sinalização
መሕበሪ መገዲ

caminho
መገዲ

gramado
ሸኻ

pedra
እምኒ

caminhantes
ኮብላሊ

árvore
ኣግራብ

rio
ፈለግ

grama
ሳዕሪ

flor
ዕንባባ

vale

ስንጭሮ

montanha

ጎቦ

lago

ቀላይ

floresta

ዱር

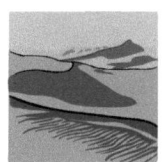

deserto

ምድረ በዳ

vulcão

እሳተ-ጎመራ

castelo

ግምቢ

arco-íris

ቀስተ-ደመና

cogumelo

ቃንጥሻ

palmeira

ዓርኮብኮባይ

mosquito

ጣንጡ

mosca

ሃመማ

formiga

ጻጻ

abelha

ንህቢ

aranha

ሳሬት

besouro

ሕንዚዝ

sapo

ዕንቅርያብ

esquilo

ም፝ጽ፝ጹ፝ላይ

ouriço

ቅንፍዝ

lebre

ማንቲለ

coruja

ጉንጓ

pássaro

ጭሩ

cisne

ስዋን

javali

መፍለስ

veado

ዓጋዝን

alce

ሙስ

barragem

ግድብ

aerogerador

ተርባይን ንፋስ

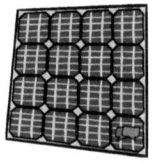

painel solar

ሶላር ስርሓት

clima

ኩነታት አየር

restaurante
ቤት-መግቢ

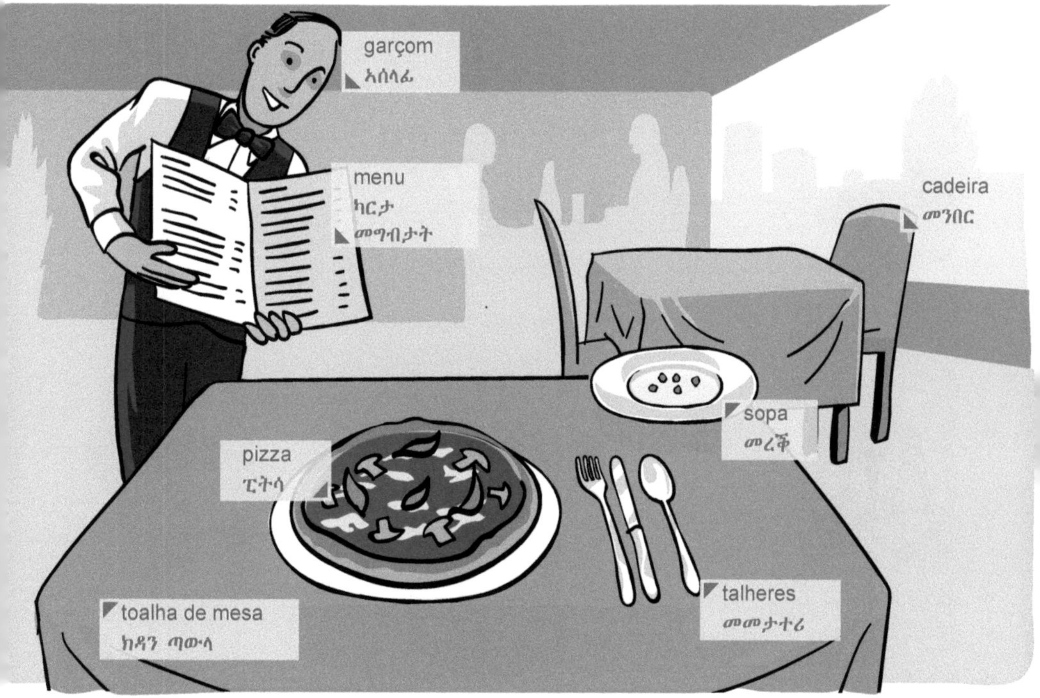

garçom
ኣሰላፊ
menu
ካርታ
መግብታት
cadeira
መንበር
sopa
መረቕ
pizza
ፒትሳ
talheres
መመታተሪ
toalha de mesa
ክዳን ጣውላ

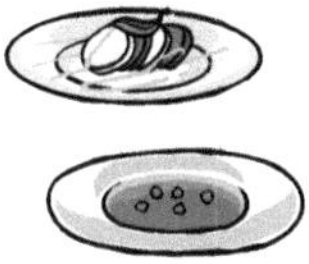

entrada
ቅድመ ቀንዲ መግቢ

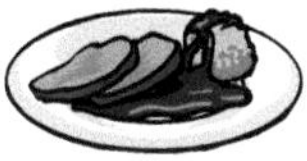

prato principal
ቀንዲ መኣዲ

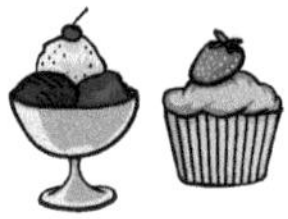

sobremesa
ድሕረ መግቢ

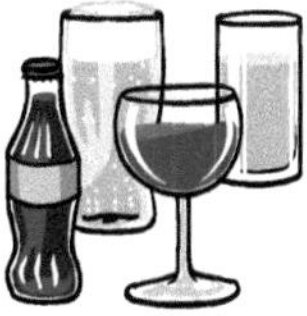

bebidas
መስተ

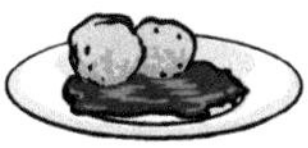

comida
መግቢ

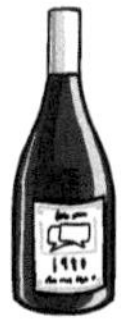

garrafa
ጥርሙዝ

fastfood

ስሉጥ መግቢ.

comida de rua

መግቢ. ጽርግያ

bule de chá

ብርጭቆ ሻሂ

açucareiro

ታኒካ ሽኮር

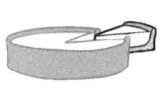

porção

ክፋል

máquina de expresso

ማሺን ኤስፕረሶ

cadeirão

ነዊሕ መንበር

conta

ጻብጻብ

bandeja

ታብለት

faca

ካራ.

garfo

ፋርከታ

colher

ማንካ

colher de chá

ማንካ ሻሂ.

guardanapo

ሰርቪየተ

copo

ብኬሪ

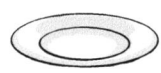

prato

ሸሓኒ

prato de sopa

ሸሓኒ መረቅ

pires

ትሕቲ ኩባያ

molho

ጸብሒ

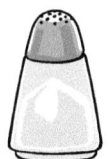

saleiro

ወሃቢ ጨው

moedor de pimenta

መጥሓን በርበረ

vinagre

ኣቾቶ

óleo

ዘይቲ

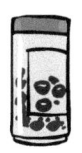

especiarias

ቀመም

ketchup

ከቹፕ

mostarda

ኣድሪ

maionese

ማዮኔዝ

supermercado

ሱፐርማርክት

oferta especial
ወፈያ
FOR
cliente
ዓሚል
laticínios
ፍርያታት ጸባ
frutas
ፍረታት
carrinho de compras
ሰረገላ ዱኳን

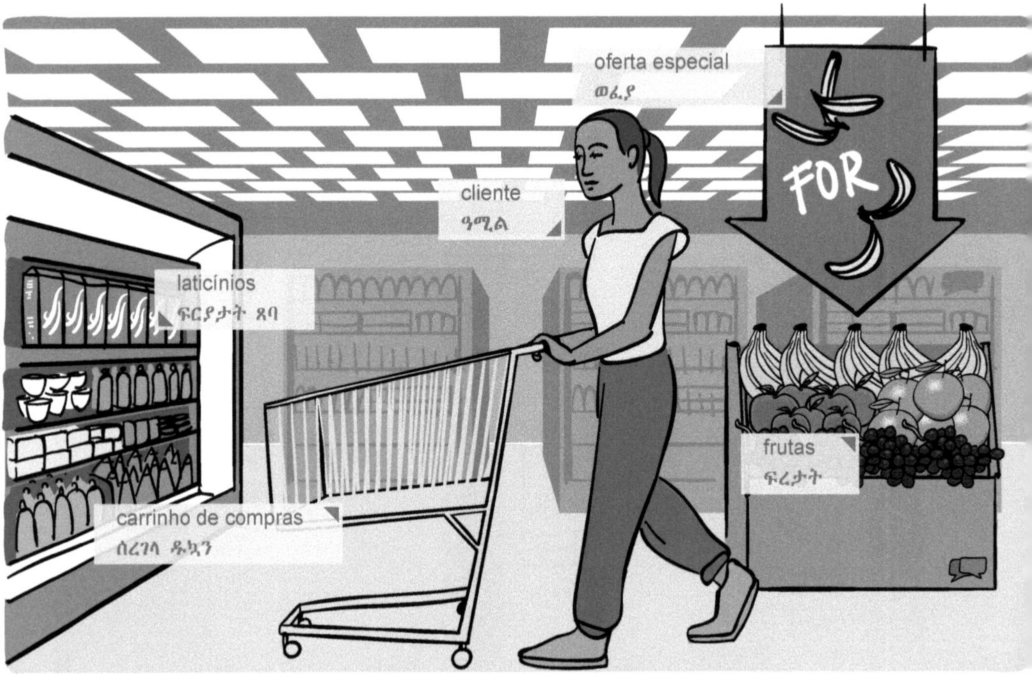

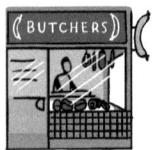

BUTCHERS

açougue

እንዳ ስጋ

BAKERY

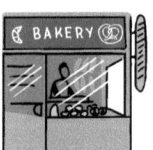

padaria

እንዳ ባኒ

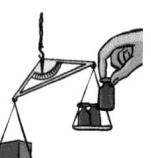

pesar

ክብደት

legumes

ኣሕምልቲ

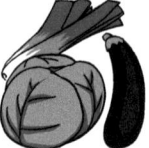

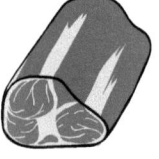

carne

ስጋ

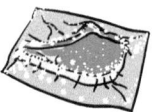

congelados

መግቢ ፍሪጅ በረድ

charcutaria

ዝሑል ቅሩብ መግቢ

conservas

እስታጣላ

detergente em pó

አሞ

doces

ምቁር መግቢ

artigos domésticos

ዘቤታውያን አቕሑ

produtos de limpeza

ናውቲ መጽረዪ

vendedora

ሸቃጣይ

caixa

ካሳ

caixa

ተሓዝ ገንዘብ

lista de compras

ዝርዝር ምግዛእ

horário de funcionamento

ክፉት ሰዓታት

carteira

ማሕፉዳ

cartão de crédito

ክረዲት ካርድ

sacola

ሳንጣ

saco plástico

ፌስታል

água

ማይ

suco

ጽማቝ

leite

ጸባ

coca-cola

ኮላ

vinho

ነቢት

cerveja

ቢራ

álcool

ኣልኮል

cacau

ካካው

chá

ሻሂ

café

ቡን

expresso

ኤስፕረሶ

cappuccino

ካፑቺኖ

banana

ባናና

maçã

ቱፋሕ

laranja

አራንሺ

melão

ብርጭቆ

limão

ለሚን

cenoura

ካሮት

alho

ጻዕዳ ሽጉርቲ

bambu

ባምቡስ

cebola

ሽጉርቲ

cogumelo

ቅንጥሻ

nozes

ፉል

macarrão

ፓስታ

espaguete

ስፓገቲ

arroz

ሩዝ

salada

ሰላጣ

batatas fritas

ቅልዋ ድንሽ

batatas frias

ቅሉው ድንሽ

pizza

ፒትሳ

hambúrger

ሃምቡርገር

sanduíche

ፓኒኖ

escalope

ቢስተካ

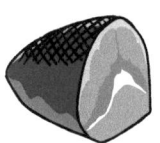

presunto

ሰለፍ ሓሰማ

salame

ሳላሚ

salsicha

ግዕዝም

galinha

ደርሆ

assado

ቀለወ

peixe

ዓሳ

flocos de aveia

ገዓት

granola

ሙስሊ

flocos de milho

ኮርንፍለይክስ

farinha

ሓርጭ

croissant

ክሮሶን

pãozinho

ባኒ

pão

ባኒ

torrada

ቶስት

biscoitos

ብሽኮቲ

manteiga

ጠስሚ

requeijão

ርጎአ

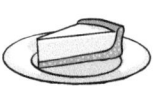

bolo

ፓስተ

ovo

እንቋቍሖ

ovo frito

ቅሉው እንቋቍሖ

queijo

ፉርማጆ

sorvete

አይስ ክሪም

açúcar

ሽኩር

mel

መዓር

geleia

ጄም

creme de avelãs

ኑጋት-ክረም

curry

ኩሪ

fazenda

ቤት ሕርሻ

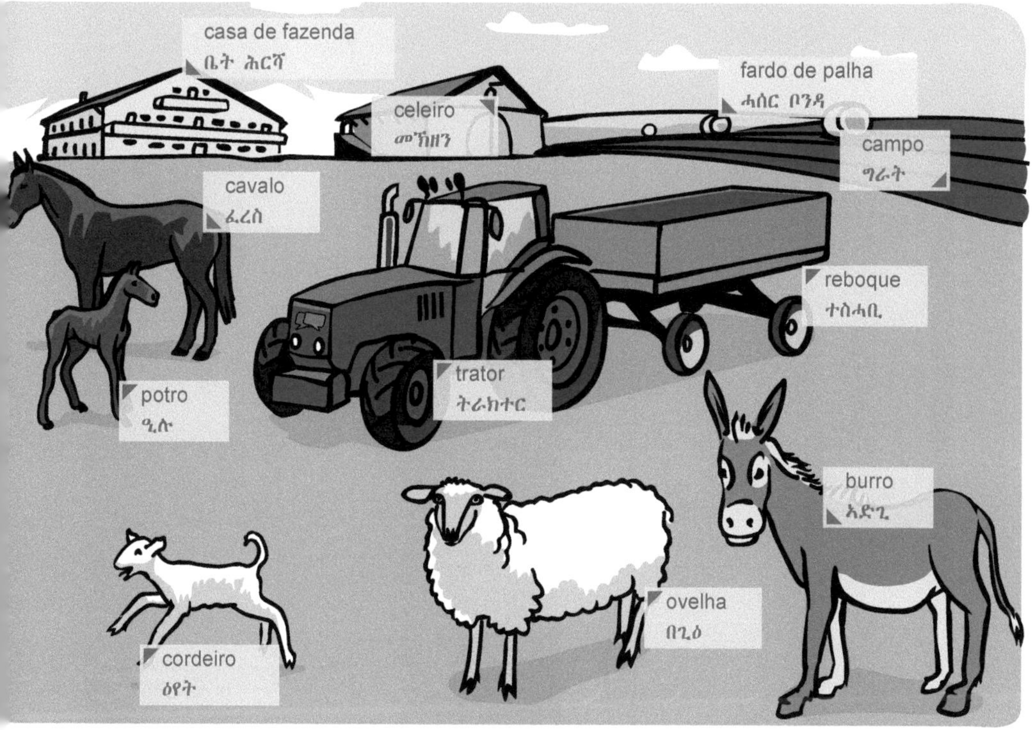
casa de fazenda
ቤት ሕርሻ
celeiro
መኽዘን
fardo de palha
ሓሰር ቦንዳ
campo
ግራት
cavalo
ፈረስ
reboque
ተስሓቢ
trator
ትራክተር
potro
ዒሉ
burro
ኣድጊ
ovelha
በጊዕ
cordeiro
ዕየት

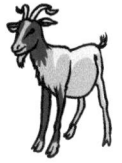

cabra

ጤል

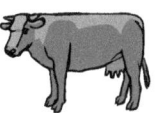

vaca

ብዕራይ

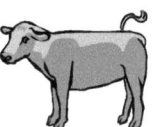

bezerro

ምራኽ

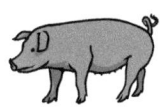

porco

ሓሰማ

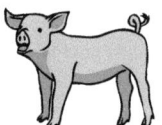

leitão

ውላድ ሓሰማ

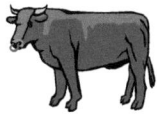

touro

ኣርሓ

ganso

ዓሳ

pato

ማይ ደርሆ

pintinho

ጫቑሊት

galinha

ደርሆ

galo

አርሓ ደርሆ

ratazana

አንጨዋ ዓባይ

gato

ድሙ

camundongo

አንጭዋ

boi

ብዕራይ

cachorro

ከልቢ

casinha do cachorro

አጎዶ ከልቢ

mangueira de jardim

ቱባ ጆርዲን

regador

መዝፈሬ ማይ

foice

ዓቢ ማዕጺድ

arado

ማሕረሻ

foice

ማዕጺድ

enxada

ጭሃር

forquilha

መስአ

machado

ፋስ

carrinho de mão

ዓረብያ ኢድ

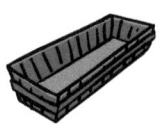

manjedoura

ጋብላ

jarra de leite

ብርጭቆ ጸባ

saco

ከሻ

cerca

ሓጹር

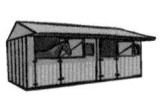

estábulo

መንሰስ

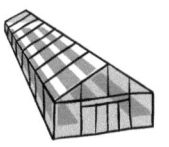

estufa

ቾጠልያ ገዛ

solo

ባይታ

semente

ዘርኢ

fertilizante

ድኹዒ

colheitadeira

ዘጣምር ቀውዓይ

colher

ቀውዐ

colheita

ጸማ

inhame

ድንሽ ያም

trigo

ስርናይ

soja

ሶያ

batata

ድንሽ

milho

ዕፉን

colza

ራፕስ

árvore frutífera

ገረብ ፍረታት

mandioca

ማኒአክ

cereais

ኣእኻል

chaminé
መውጽእ ትኪ

telhado
ናሕሲ

calhas de chuva
መውሓዝ ዝናብ

janela
መስኮት

garagem
ጋራጅ

campainha da porta
ጭር መበሊት

porta
ማዕጾ

lata de lixo
ጓሓፍ መገለል

caixa de correspondência
ቦክስ ደብዳበ

jardim
ጀርዲን

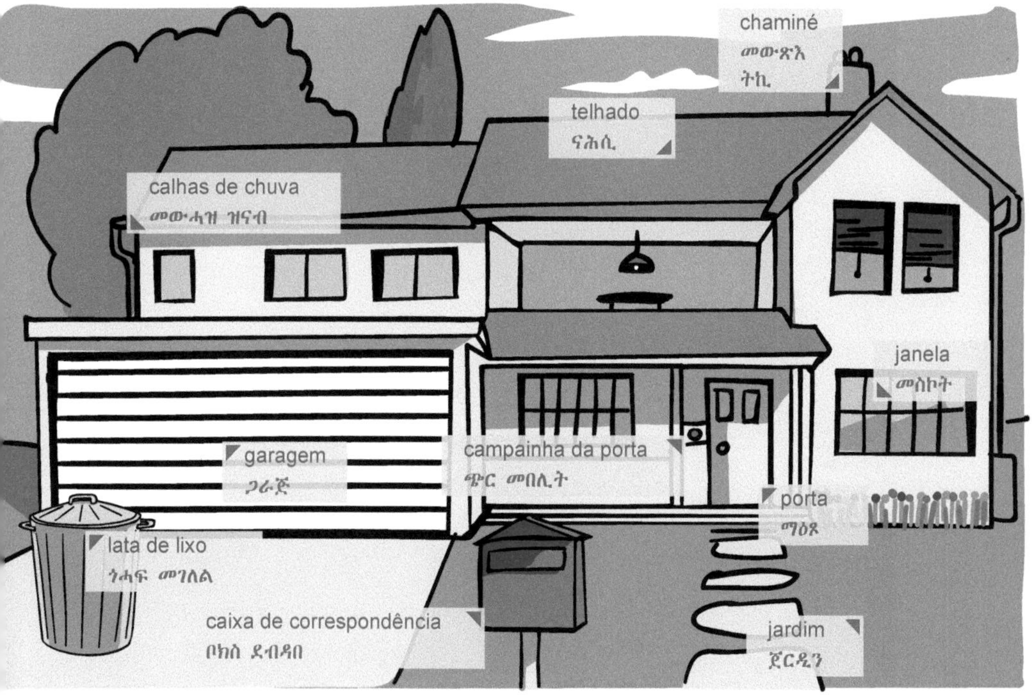

sala de estar
ክፍሊ ምቕማጥ

banheiro
ክፍሊ ባንዮ

cozinha
ክሽነ

quarto de dormir
ክፍሊ መደቀሲ

quarto de criança
ክፍሊ ቆልዑ

sala de jantar
መመገቢ ክፍሊ

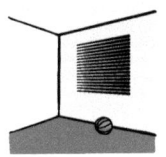

chão

ባይታ

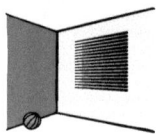

parede

መንደቅ

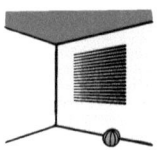

teto

ከቦርታ

porão

ካንቲና

sauna

ሳውና

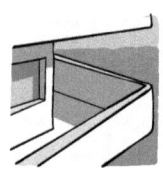

varanda

ባልኮን

terraço

ዛላ

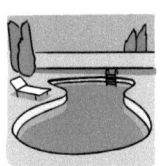

piscina

መሕምበሲ.

cortador de grama

መቑረጺ ሳዕሪ

lençol

አንሶላ ዓራት

coberta

ከቦርታ ዓራት

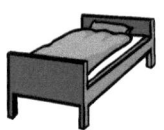

cama

ዓራት

vassoura

መኾስተር

balde

መገለል

interruptor

መወልዒት

sala de estar

ክፍሊ ምኽማጥ

papel de parede
ወረቐት መንደቕ
quadro
ስእሊ
lâmpada
ላምፓ
prateleira
ከብሒ
armário
ከብሒ
televisão
ተለቪዥን
lareira
መውጽኢ ትኪ ኣብ ገዛ
flor
ዕንባባ
travesseiro
መተርኣስ
sofá
ሳሎን
vaso
ባዞ
controle remoto
ሪሞት

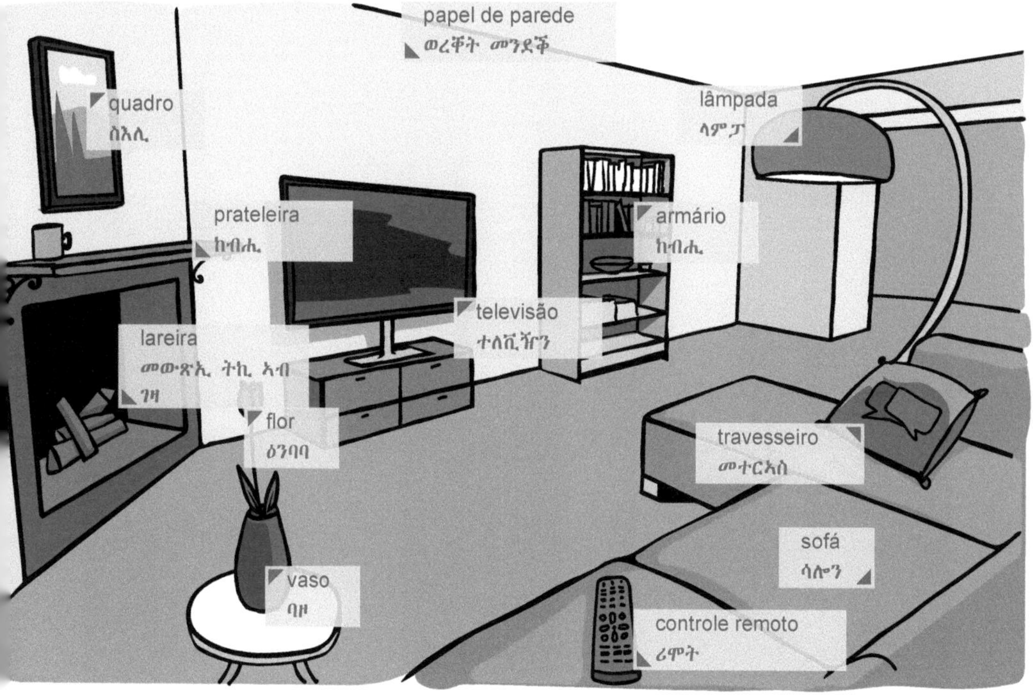

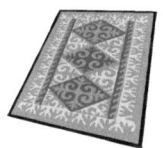

tapete

መንጸፍ

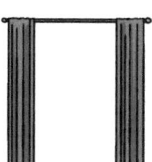

cortina

መጋረጃ

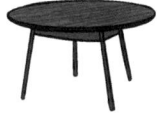

mesa

ጣውላ

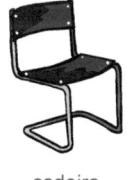

cadeira

መንበር

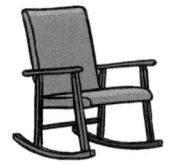

cadeira de balanço

ሰለል ዝብል መንበር

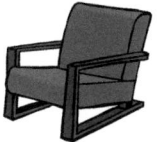

poltrona

መንበር ምቹእ

livro

መጽሐፍ

cobertor

ከቦርታ

decoração

ስልማት

lenha

እንጨይቲ ሓዊ

filme

ፊልም

equipamento de som

ስተረዮ

chave

መፍትሕ

jornal

ጋዜጣ

pintura

ቅብአ

pôster

ፖስተር

rádio

ረድዮ

bloco de notas

ጥራዝ

aspirador

መልገሲ ደርና

cacto

በለስ

vela

ሽምዓ

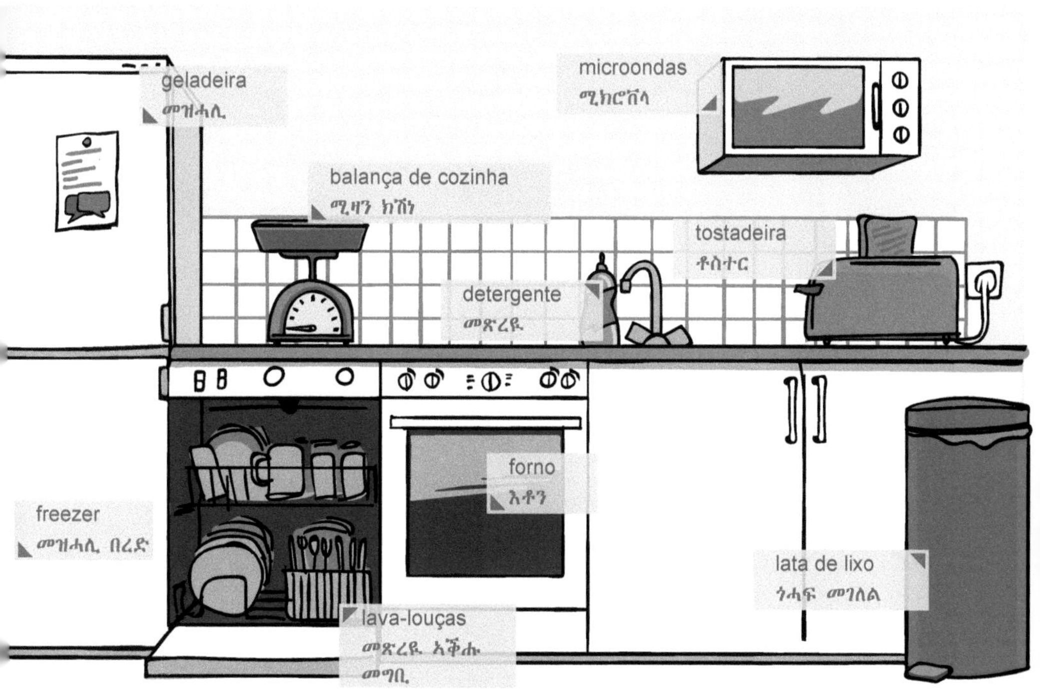

geladeira
መዝሓሊ

microondas
ሚክሮቨላ

balança de cozinha
ሚዛን ክሽን

tostadeira
ቶስተር

detergente
መጽረዪ

freezer
መዝሓሊ በረድ

forno
እቶን

lata de lixo
ጓሓፍ መገለል

lava-louças
መጽረዪ አቕሑ
መግቢ

fogão
መኽሸኒ

panela
ድስቲ

panela de ferro
ድስቲ ሓጺን

wok / kadai
ቮክ/ካዳይ

frigideira
ባደላ

chaleira
መውዓዪ ማይ

panela a vapor

መፍልሒ

tabuleiro de forno

ጎንቴራ ምስንካት

louça

ኣቅሑ መግቢ

caneca

ብርጭቆ

caçarola

ጭሓሎ

hashi

ማንካቺና

concha de sopa

ማንካ መረቅ

espátula

መገልበጢ ባደላ

batedor

መኸስተር ውርጪ

escorredor

መንፈት መግቢ

peneira

መንፈት

ralador

መፋሕፍሒ

almofariz

ሞርታር

churrasqueira

ባርቢክዩ

lareira

ስፍራ ሓዊ

tábua de cortar

እንጨይቲ ምምታር

rolo da massa

እንጨይቲ ኩረር

saca-rolhas

መኽፈት ቡሽ

lata

ታኒካ

abridor de latas

መኽፈቲ ታኒካ

pegador de panela

ጨርቂ ድስቲ

pia

ቡምባ

escova

አስባስላ

esponja

ሰፍነግ

liquidificador

ሓዋሲ አደባላቒ

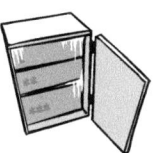

congelador

መዝሓሊ በረድ

mamadeira

ጥርሙዝ ማማይ

torneira

ቡምባ ማይ

banheiro

ክፍሊ ባንዮ

aquecimento
መውዓዪ
toalha
ሽጎማኖ
ducha
መሕጸቢ ሻወር
cortina de chuveiro
ሻወር መጋረጃ
banho de espuma
መሕጸቢ ዓፍራ
banheira
ባንዮ መሕጸቢ
copo
ብኬሪ
lava-roupa
ሓጻቢት
torneira
ቡምባ ማይ
azulejos
ማቶነላ
penico
ድስቲ
pia
ቡምባ

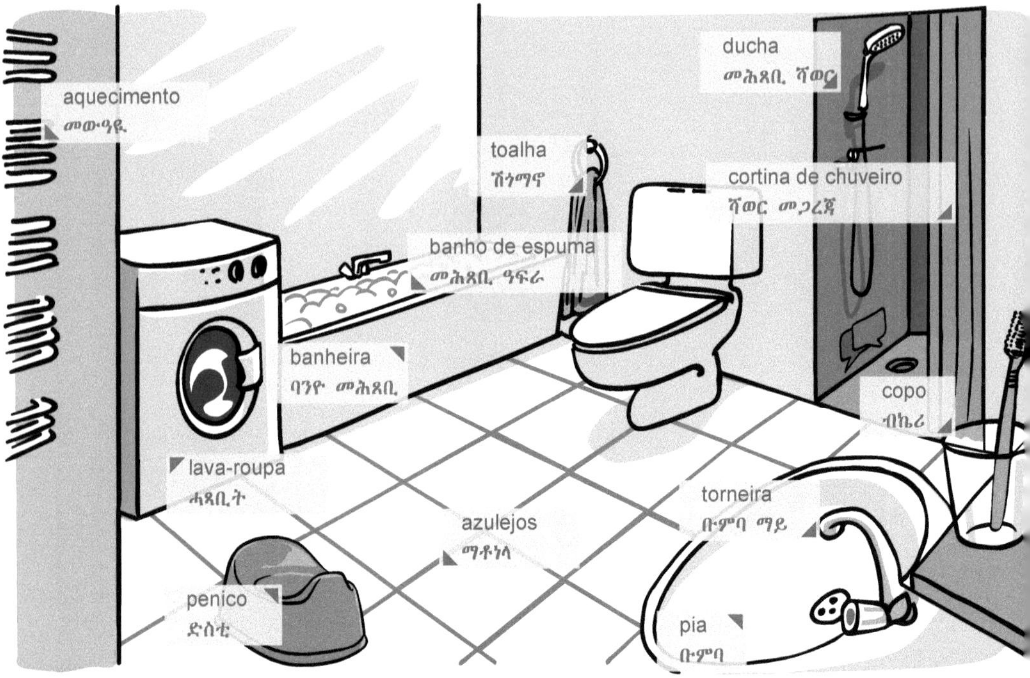

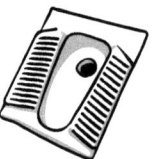

vaso sanitário

ሽቓቕ

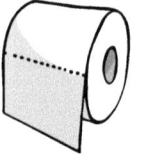

lavabo de agachar

ሽቓቕ ኮፍ

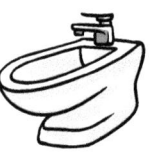

bidê

በዱ

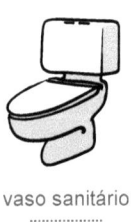

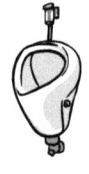

mictório

ሽቓቕ ተባዕታይ

papel higiênico

ወረቐት ሽቓቕ

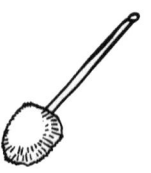

escova de privada

ኣስባስላ ሽቓቕ

escova de dentes

አስባስላ ስኒ

pasta de dentes

ክረማ ስኒ

fio dental

ሃሪ ስኒ

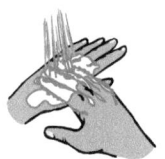

lavar

ሓጸብ

ducha de mão

ዱሽ ኢድ

ducha íntima

ዱሽ

bacia

ብርጭቆ ምሕጻብ

escova para as costas

አስባስላ ሕቖ

sabonete

ሳምና

gel de banho

ሻወር ጀል

xampu

ሻምፑ

toalha de rosto

ጨርቂ መሕጸቢ

escoamento

መውሓዚ

creme

ክረማ

desodorante

ደዮ ጨና

espelho

መስትያት

espelho de mão

ናይ ኢድ መስትያት

barbeador

መላጸ

espuma de barbear

ዓፍራ ምልጻይ

loção pós-barba

ጨና ድሕሪ ምልጻይ

pente

መመሸጥ

escova

ኣስባስላ

secador de cabelo

መንቐጺ ጸግሪ

spray de cabelo

ስፕረይ ጸግሪ

maquiagem

መመላኽዒ

batom

ብርዒ ቀለም ከንፈር

esmalte de unhas

ኣዝማልቶ

algodão

ጻምሪ ጡጥ

tesoura para unhas

መስደዲ ጽፍሪ

perfume

ጨና

nécessaire

ሳንጣ መሕጸቢ

banquinho

ድኳ

balança

ሚዛን

roupão de banho

ክዳን መሕጸቢ

luvas de borracha

ጓንቲ መጸረዪ

absorvente interno

ታምፓን

absorvente íntimo

ጨርቂ ሰበይቲ

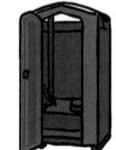

banheiro químico

ሽቓቕ ከሚስትሪ

quarto de criança

ክፍሊ ቆልዑ

despertador
ኣላርም መተስኢ
boneco de pelúcia
መጻወቲ እንስሳ
carrinho de brinquedo
መጻወቲ መኪና
chacoalho
ኳሕኳሕ መበለ
casa de bonecas
ቤት ባምቡላ
presente
ህያብ

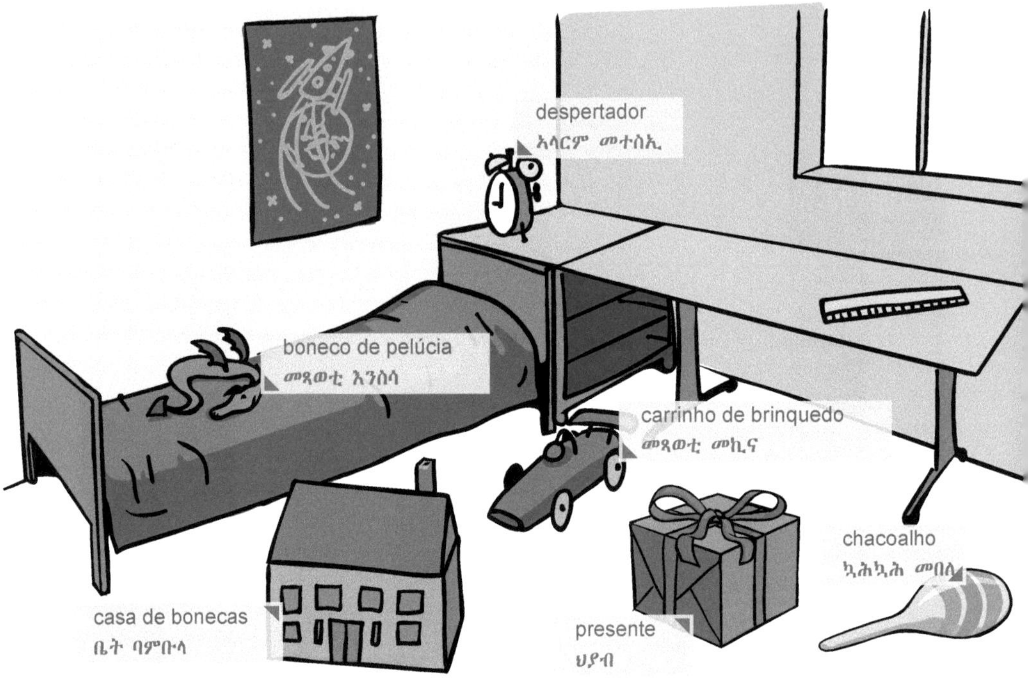

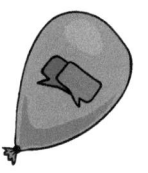

balão

ባላንችና

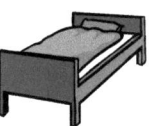

cama

ዓራት

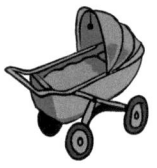

carrinho de bebê

ሰረገላ ህጻን

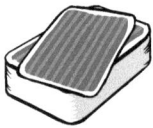

jogo de cartas

ጸወታ ካርታ

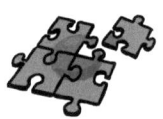

quebra-cabeças

ሕንቅሊተይ

revista de quadrinhos

ኮሜዲ

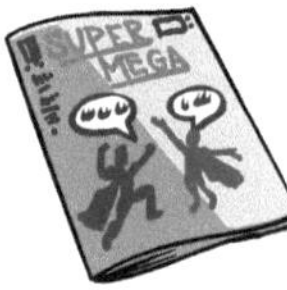

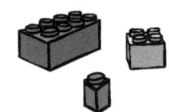

peças de Lego

እምነታ መጻወቲ ለጎ

blocos de construção

መጻወቲ እምነታት

figura de ação

በዓል አክቾን

macaquinho de bebê

ክዳን ማማይ

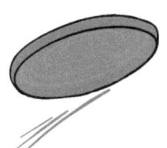

frisbee

ፍሪስቢ

móbile para bebé

ሞባይል ማማይ

jogo de tabuleiro

ጸወታ ሰሌዳ

dados

ኩቦ

trenzinho elétrico

ሞደል ባቡር ምድሪ

chupeta

ዓባስ

festa

ፓርቲ

livro ilustrado

መጽሓፍ ስእሊ

bola

ኩዕሶ

boneca

ባምቡላ

brincar

ተጻወተ

caixa de areia

መጸወቲ ሑጻ

balanço

ሰላል

brinquedos

መጸወቲታት

videogame

ኮንሶል ቪድዮ

triciclo

መጸወቲ ሰለስተ መንኮርኮር

ursinho de pelúcia

ተዲ

guarda-roupa

ከብሒ ክዳን

vestuário

ክዳን

meias

ካልስታት

meias pelo joelho

ነዊሕ ካልስታት

meias-calças

ስረ ካልሲ.

cachecol
ሻርባ

guarda-chuva
ጽላል

camiseta
ማልያ

cinto
ቁልፊ

botas
ረፋዕ

chinelos
ጫማ ገዘ

tênis
ስኒከርስ

sandálias
ሽበጥ

sapatos
ጫማ

botas de borracha
ረፋዕ ጎማ

roupa de baixo
ሙታንታ

sutiã
ክዳን ጡብ

camiseta de baixo
ትሕተ ካሚቻ

body

ቦዲ

calças

ስሪ

jeans

ጂንስ

saia

ቀምሽ

blusa

ካምቻ

camisa

ካሚቻ

pulôver

ጉልፍ

suéter com capuz

ጎልፍ

blazer

ጃኬት

jaqueta

ጃከት

casaco

ጁባ

gabardine

ክዳን ዝናብ

traje

ኮስቱም

vestido

ቀምሽ

vestido de casamento

ቀምሽ መርዓ

terno

ልብሲ

camisola

ካሚቻ ለይቲ

pijama

ክዳን ለይቲ

sari

ሳሪ

lenço de cabeça

መሃረብ ርእሲ

turbante

ቱርባን

burca

ቡርካ

cafetã

ካፍታን

abaya

አባያ

maiô

ክዳን መሕምበሲ

sunga

ስረ መሕምበሲ

shorts

ሓጺር ስረ

roupa de treino

ክዳን ታዕሊም

avental

በጃ ክዳን

luvas

ጓንቲ

botão

መልጎም

óculos

መነጽር

pulseira

በንናጅር

colar

ማዕተብ

anel

ቀለበት

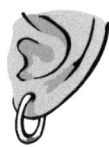

brinco

ኩትሻ

boné

ቆብዕ

cabide

መንበሪ ጁባ

chapéu

ባርኔጣ

gravata

ካርራቫት

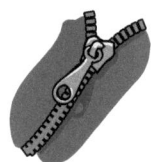

zíper

ሻርኔጣ

capacete

ሀልመት

suspensórios

መድልደል ስረ

uniforme escolar

ድቢዛ ቤትትምህርቲ

uniforme

ድቢዛ

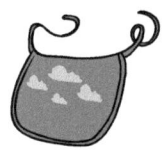

babador

ሰደርያ ቆልዓ

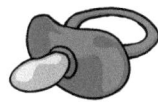

chupeta

ዓባስ

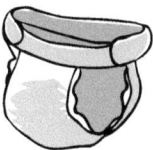

fralda

ጨርቂ ማማይ

escritório

ቤት ጽሕፈት

servidor
ሰርቨር
armário de arquivos
ከብሒ ሰነድ
impressora
ፕሪንተር
papel
ወረቐት
monitor
ሞኒቶር
escrivaninha
ጣውላ ምጽሓፍ
mouse
ኣንጭዋ
pasta
ሓቓፊ
teclado
ኪቦርድ
cesto de lixo
ጎሓፍ ወረቐት
computador
ኮምፒተር
cadeira
መንበር

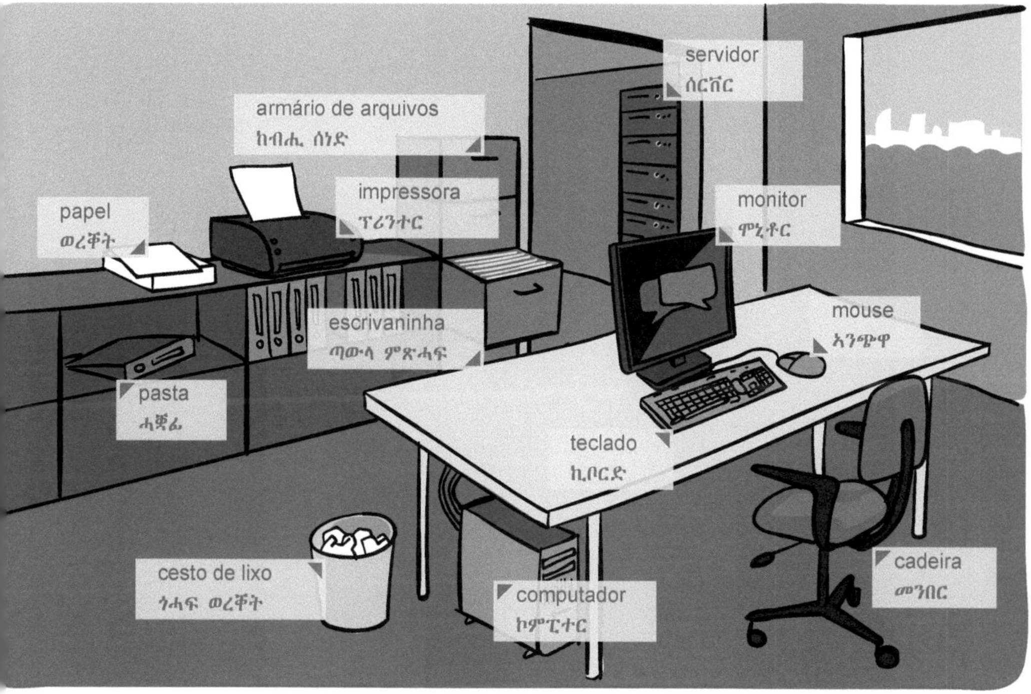

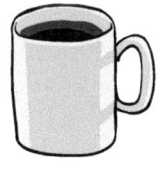

xícara de café

ብርጭቆ ቡን

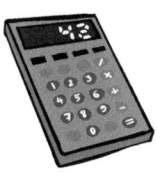

calculadora

ካልኩለተር

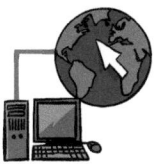

internet

ኢንተርነት

laptop

ለፕቶፕ

carta

ደብዳበ

mensagem

መልእኽቲ

celular

ሞባይል

rede

ነትወርክ/መርበብ

copiadora

መቅድሒ ፎቶኮፒ

software

ሶፍትዌር

telefone

ተለፎን

tomada

ሶከት ኣረንቲ

fax

ፋክስ

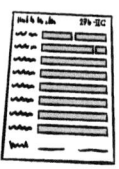

formulário

ፎርም

documento

ሰነድ

comprar

ገዛእ

pagar

ከፈለ

negociar

ንግዲ

dinheiro

ገንዘብ

Dólar

ዶላር

Euro

አይሮ

Yen

የን

rublo

ሩብል

franco suíço

ስዊዝ ፍራንክን

renminbi yuan

ረንሚንቢ ዩዋን

rupia

ሩፕየ

caixa eletrônico

መውጽኢ ማሽን ገንዘብ

casa de câmbio

በታ ቅያር ገንዘብ

ouro

ወርቂ

prata

ብሩር

petróleo

ዘይቲ

energia

ሓይሊ

preço

ዋጋ

contrato

ውዕል

imposto

ቀረጽ

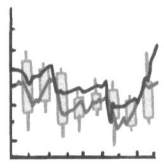

ação

እኩብ ጥሪ-ነገራት

trabalhar

ሰርሐ

empregado

ሰራሕተኛ

empregador

አስራሒ

fábrica

ትካል

loja

ዱኳን

policial
በዓል ፖሊስ

bombeiro
መጠፊኢ ሓዊ

cozinheiro
ከሻኒ

médico
ሓኪም

piloto
መራሒ ነፋሪት

jardineiro

ሰራሕትኛ ጀርዲን

marceneiro

ጸራቢ ዕንጸይቲ

costureira

ሰፋይት

juiz

ፈራዳይ

químico

ቀማሚ

ator

ተዋሳኢ

motorista de ônibus

መራሒ አዉቶቡስ

motorista de táxi

አዉቲስታ ታክሲ

pescador

ገፋፊ ዓሳ

faxineira

ጸራጊት

telhador

ሃናጸይ ናሕሲ

garçom

አሰላፊ

caçador

ሃዳናይ

pintor

ሰአላይ

padeiro

እንዳ ሕብስቲ

eletricista

ኤለትሪከኛ

construtor

ሃናጺ አባይቲ

engenheiro

ሃንዳሲ

açougueiro

ሰራሕተኛ እንዳ ስጋ

encanador

ድራብሊኮ

carteiro

አማላላሲ ፖስጣ

soldado

ወተሃደር

arquiteto

መሃንድስ

caixa

ተሓዝ ገንዘብ

florista

ሰራሕተኛ ዕምባባ

cabelereiro

ቀምቃማይ

condutor

ፈተሪኖ

mecânico

መካኒክ

capitão

መራሒ መርከብ

dentista

ሓኪም ስኒ

cientista

ተመራማሪ

rabino

ራቢ

imam

ኢማም

monge

ፈላሲ

pastor

ቀሺ

ferramentas

ናውቲ

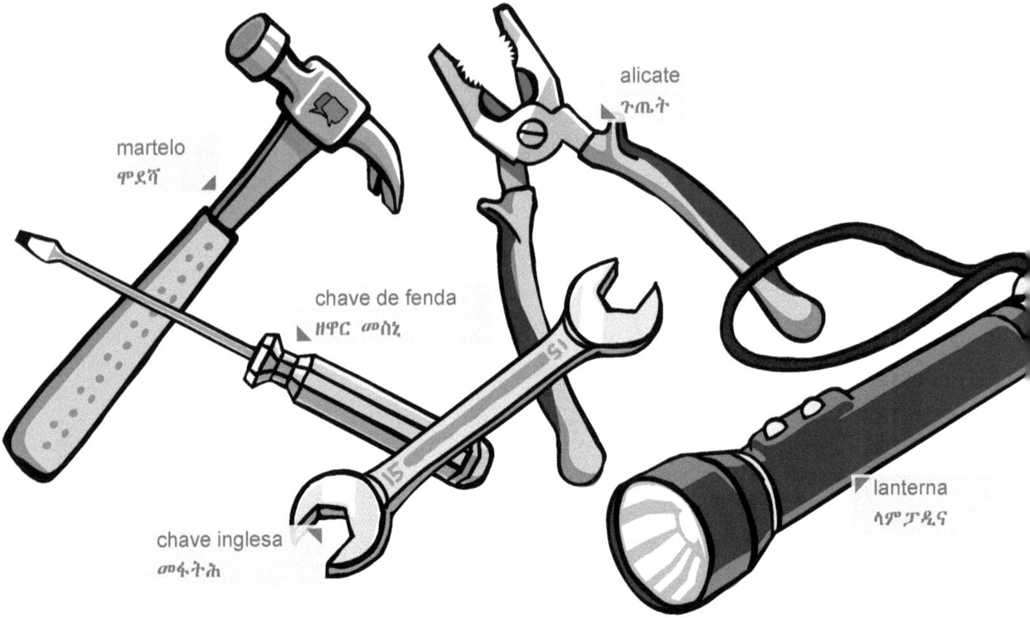
martelo
ሞደሻ
alicate
ጉጤት
chave de fenda
ዘዋር መስኒ
chave inglesa
መፋትሕ
lanterna
ላምፓዲና

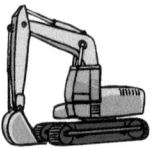

escavadora

ፈሓሪ

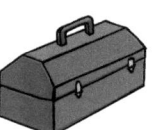

caixa de ferramentas

ናውቲ ቦክስ

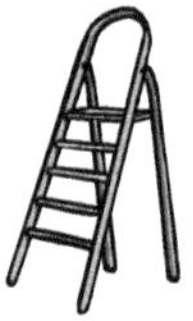

escada de mão

መደያይቦ

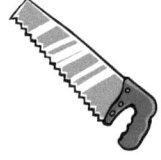

serra

መጋዝ

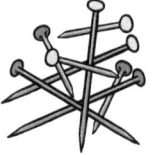

pregos

መስማር

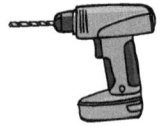

furadeira

ኩዓቲ

consertar

ምዕራይ

pá

ባደላ

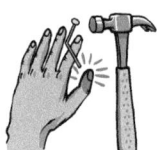

Droga!

አይ!

pá de lixo

መትሓዚ ዶሮና

pote de tinta

ድስቲ ቀለም

parafusos

ካቻቢተ

instrumentos musicais

መሳርሒ ሙዚቃ

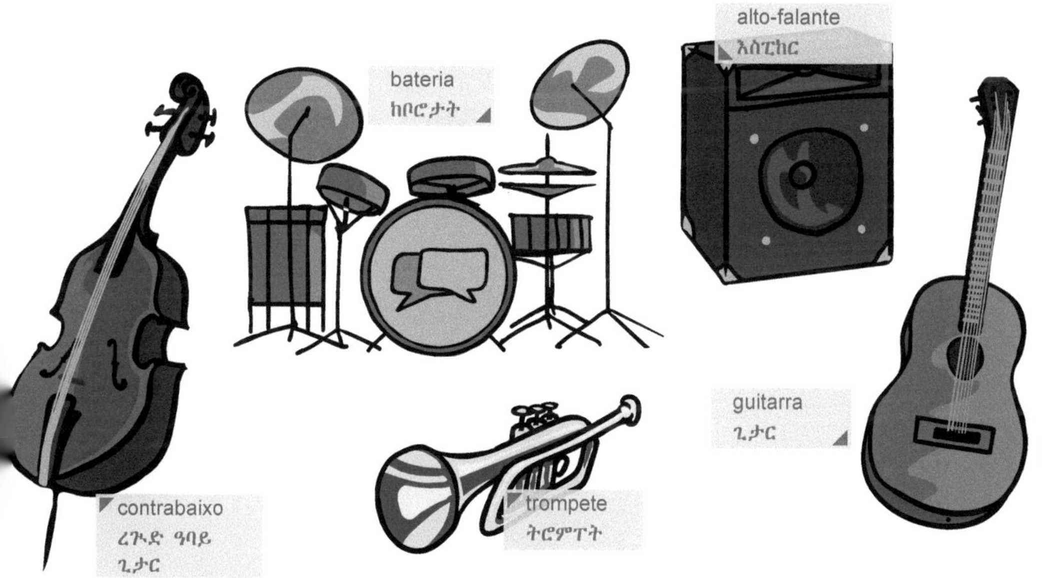

alto-falante
እስፒከር

bateria
ከበሮታት

contrabaixo
ረጉድ ዓባይ
ጊታር

trompete
ትሮምፐት

guitarra
ጊታር

piano

ፒያኖ

violino

ቪዮሊን

baixo

ባስ ጊታር

timbales

ቲምንኢ

tambor

ከበሮ

teclado

ኦርጋን

saxofone

ሳክሶፎን

flauta

ሻምብቆ

microfone

ሚክሮፎን

zoológico

መካነ እንስሳታት

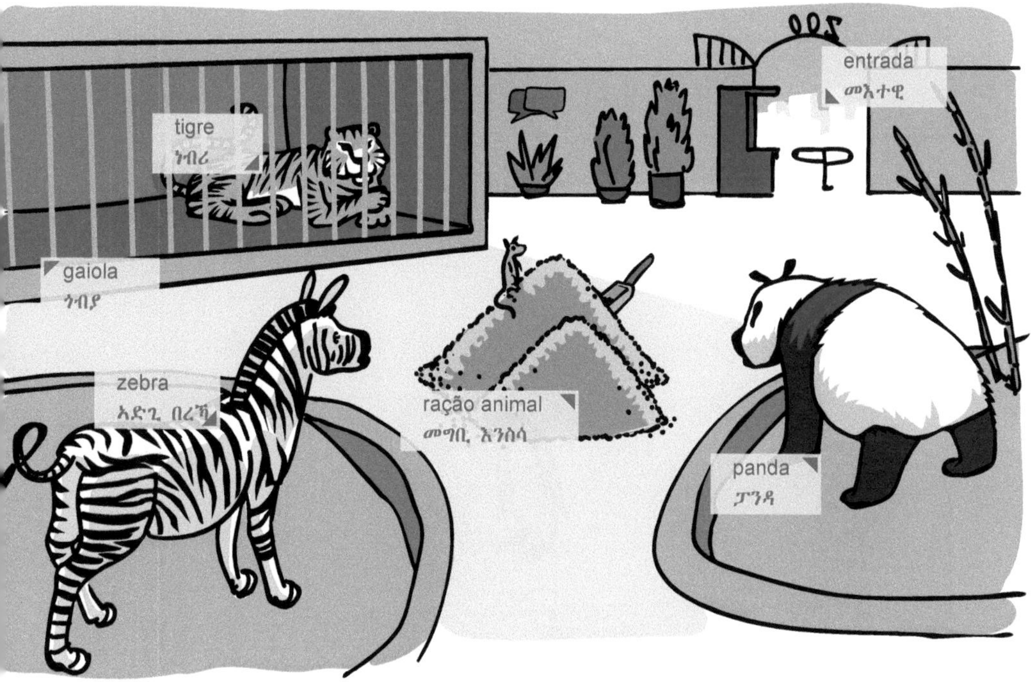
entrada
መእተዊ
tigre
ነብሪ
gaiola
ጎብያ
zebra
ኣድጊ በረኻ
ração animal
መግቢ እንስሳ
panda
ፓንዳ

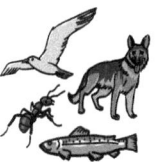

animais

እንስሳታት

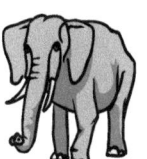

elefante

ሓርማዝ

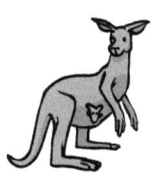

canguru

ካንጋሩ

rinoceronte

ሓሪሽ

gorila

ጉሪላ

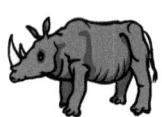

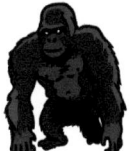

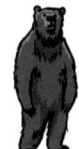

urso

ድቢ

camelo

ገመል

avestruz

ሰገን

leão

አንበሳ

macaco

ህበይ

flamingo

ፍላሚንጎ

papagaio

ሕንጻይ

urso polar

ድቢ በረድ

pinguim

ፐንጉን

tubarão

ከልቢ ዓሳ

pavão

ጣውስ

cobra

ተመን

crocodilo

ሓርገጽ

guarda do zoológico

ሓላዊ ቤት ገርድሽ

foca

ዓሳ ዚምገብ እንስሳ ባሕሪ

jaguar

ጃጓር

pônei

ሓጺር ፈረስ

leopardo

ነብሪ

hipopótamo

ጉማረ

girafa

ጂራፍ

águia

ሊላ

javali

መፍለስ

peixe

ዓሳ

tartaruga

ጎብየ

morsa

ዋልሩስ

raposa

ወኸርየ

gazela

ሰስሓ

futebol americano
ናይ አሜሪካ ኩዕሶ እግሪ

ciclismo
ምዝዋር ብሽግለታ

tênis
ተኒስ

basquete
ባስከትባል

natação
ምሕምባስ

boxe
ቦክሲንግ

hóquei no gelo
ሆኪ በረድ

futebol
ኩዕሶ እግሪ

badminton
ባድሚንቶን

atletismo
እስፖርታዊ ንጥፈታት

handebol
ኩዕሶ ኢድ

esqui
ስኪ

polo
ፖሎ

pular
ነጠረ

abraçar
ሐቖፈ

rir
ሰሐቐ

cantar
ደረፈ

andar
ከደ

sonhar
ሐለመ

rezar
ጸለየ

beijar
ሰዓመ

escrever

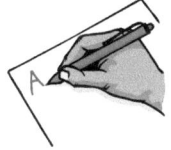

ጸሐፈ

desenhar

ሰአለ

mostrar

አርአየ

empurrar

ደፍአ

dar

ሃበ

tomar

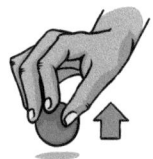

ወሰደ

ter

አለው

fazer

ገበረ

ser

ኮነ

ficar de pé

ጠጠው በለ

correr

ጎየየ

puxar

ሰሓበ

jogar

ሰንደወ

cair

ወደቐ

deitar

ሓሰወ

esperar

ተጸበየ

carregar

ሰከመ

sentar

ኮፍ በለ

vestir

ተኸድነ

dormir

ደቀሰ

despertar

ተስአ

olhar para

ረአየ

chorar

በኸየ

acariciar

ብአጻብዑ ደረዘ

pentear

መሸጠ

falar

ተዛረበ

entender

ተረድአ

perguntar

ሓተተ

ouvir

ሰምዐ

beber

ሰተየ

comer

በልዐ

arrumar

አቐመጠ

amar

አፍቀረ

cozinhar

ከሸነ

dirigir

ዘወረ

voar

ነፈረ

velejar

ብመርከብ ገየሽ

calcular

ደመረ

ler

አንበበ

aprender

ተመሃረ

trabalhar

ሰርሐ

casar

መርዓወ

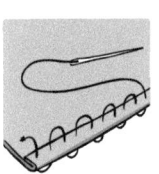

costurar

ሰፈየ

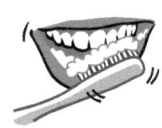

escovar os dentes

ጽሬት አስናን

matar

ቀተለ

fumar

ሽጋራ ተከኸ

enviar

ሰደደ

avó
ዓባየ

avô
አቦሓጎ

pai
አቦ

mãe
አደ

bebê
ማማይ

filha
ጓል

filho
ወዲ

convidado

ጋሻ

tia

ሓትኖ

tio

አኮ

irmão

ሓው

irmã

ሓፍቲ

corpo

ኣካላት

testa
ግንባር
olho
ዓይኒ
ombro
መንኩብ
dedo
ኣጻብዕ
rosto
ገጽ
queixo
መንከስ
mão
ኢድ
peito
ኣፍ-ልቢ
perna
ሽፋን እግሪ
braço
ምናት

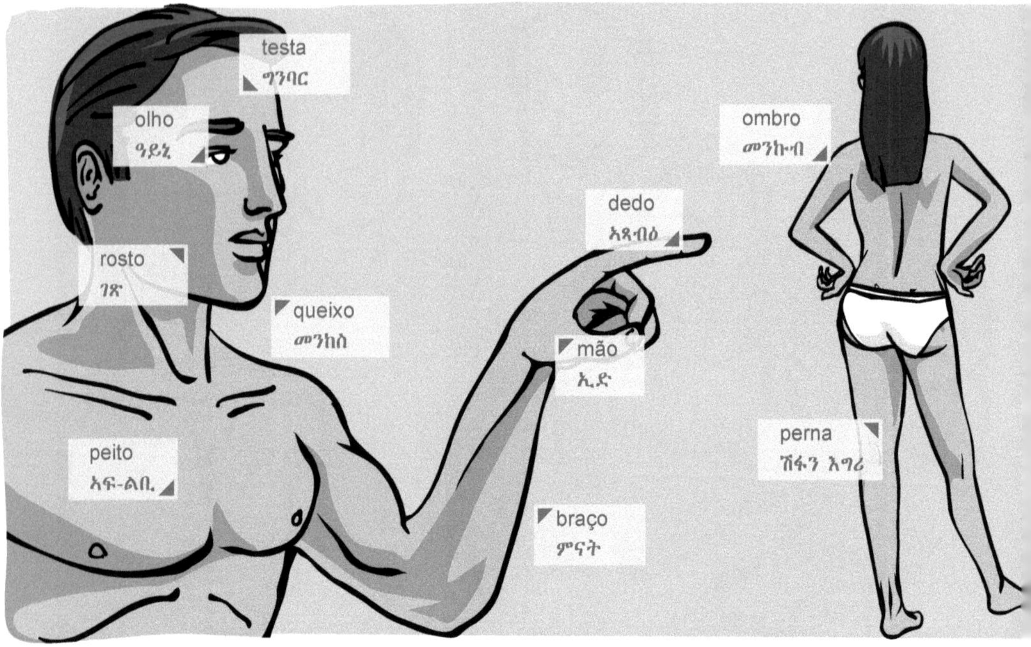

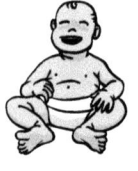

bebê

ማማይ

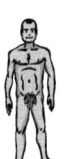

homem

ሰብኣይ

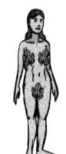

mulher

ሰበይቲ

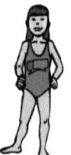

menina

ጓል

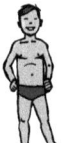

menino

ወዲ

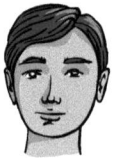

cabeça

ርእሲ

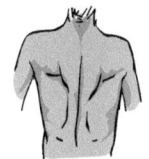

costas

ሕቖ

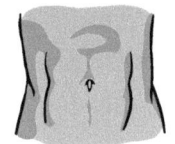

barriga

ከስዐ

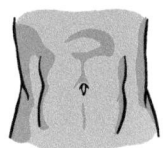

umbigo

ሕምብርቲ

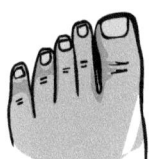

dedo do pé

ኣጻብዕ እግሪ

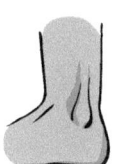

calcanhar

ኩርኵረ

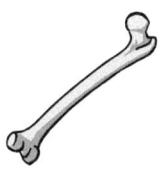

osso

ዓጽሚ

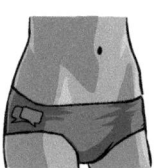

anca

ምሕኰልቲ

joelho

ብርኪ

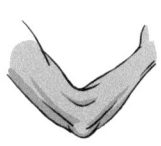

cotovelo

ፍግፍጐ

nariz

ኣፍንጫ

nádegas

መዓኮር

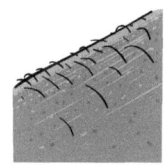

pele

ቆርበት

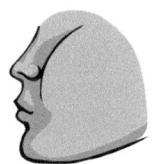

bochecha

ምዕጉርቲ

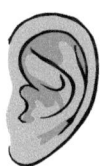

orelha

እዝኒ

lábio

ከንፈር

boca

አፍ

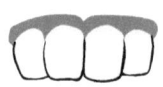

dente

ስኒ

língua

መልሓስ

cérebro

ሓንጎል

coração

ልቢ

músculo

ጭዋዳ

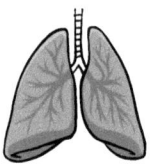

pulmão

ሳንቡእ

fígado

ጸላም ከብዲ

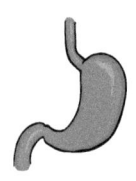

estômago

ከብዲ

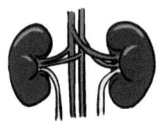

rins

ኩሊት

relações sexuais

ግብረ ስጋ

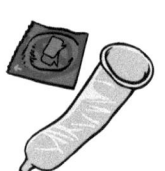

preservativo

ኮንዶም

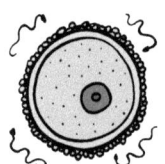

óvulo

እንቋቍሓ

esperma

ዘርኢ ተባዕታይ

gravidez

ጥንሲ

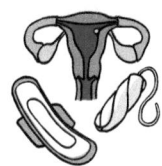

menstruação
....
ጽግያት

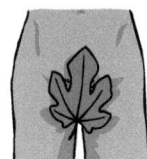

vagina
....
ርሕሚ

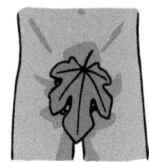

pênis
....
መትሎ

sobrancelha
....
ሽፋሽፍቲ

cabelo
....
ጸግሪ

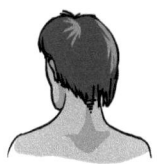

pescoço
....
ክሳድ

hospital

ሆስፒታል

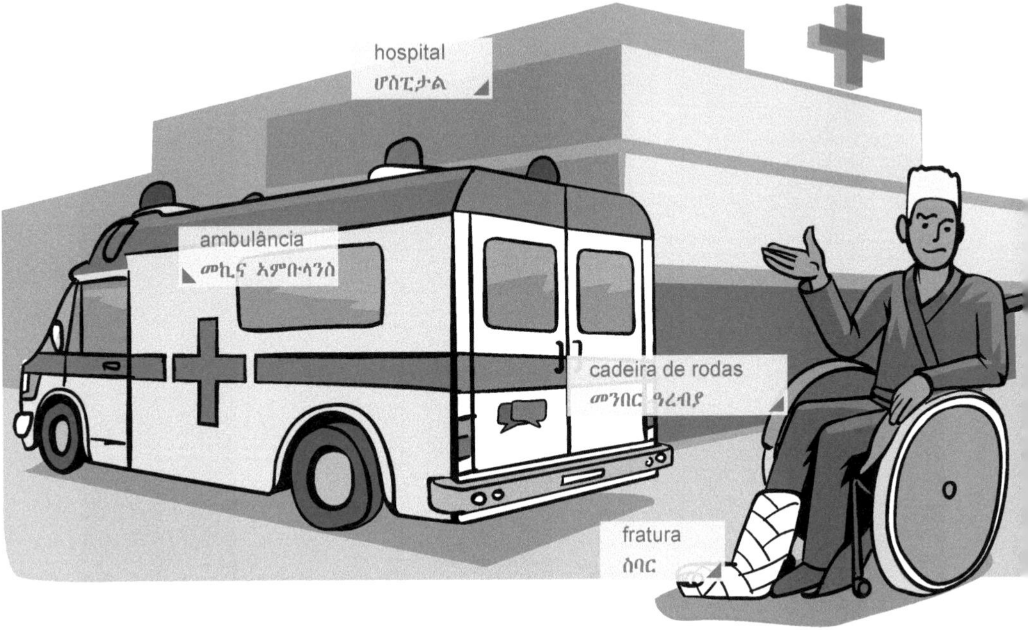

hospital
ሆስፒታል
ambulância
መኪና ኣምቡላንስ
cadeira de rodas
መንበር ዓረብያ
fratura
ስባር

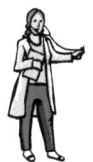

médico

ሓኪም

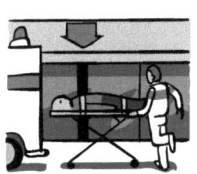

pronto-socorro

ክፍሊ ህጹጽ ረድኤት

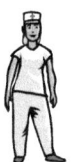

enfermeira

ኣላይት

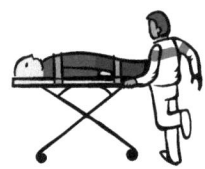

emergência

ህጹጽ ኩነት

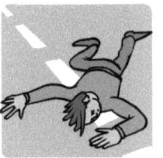

inconsciente

ውነኡ ዘጥፍአ

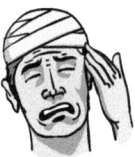

dor

ቃንዛ

ferimento

ጉድኣት

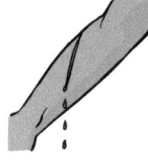

hemorragia

ደም

ataque cardíaco

ማህረምቲ

acidente vacular cerebral

ማህረምቲ

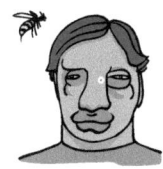

alergia

ኣለርጂ

tosse

ሰዓል

febre

ረስኒ

gripe

ኡንፍልወንዛ

diarreia

ውጽኣት

dor de cabeça

ቃንዛ ርእሲ

câncer

መንሽሮ

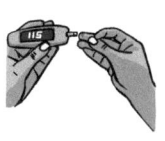

diabetes

ሹኮርያ

cirurgião

ሓኪም መጥባሕቲ

bisturi

መጥብሒ

operação

መጥባሕቲ

CT

CT

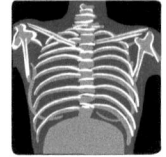

raio x

ራጄ

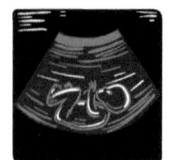

ultrassom

ልዕለ ድምጻዊ

máscara

መሸፈኒ ገጽ

doença

ሕማም

sala de espera

ክፍሊ ምጽባይ

muleta

ምርኩስ

bandeide

መጀነኒ ቑስሊ

ligadura

መጀነኒ

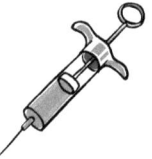

injeção

መርፍዕ ምውጋእ

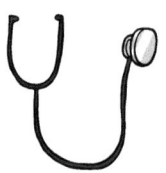

estetoscópio

ስተቶስኮፕ

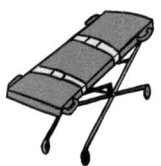

maca

መሰከሚ ሕማም

termômetro

ቴርሞመተር

nascimento

ትውልዲ

excesso de peso

ልዕለ-ሚዛን

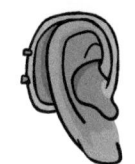

aparelho auditivo

ሓገዝ ምስማዕ

desinfetante

ኣንጻሂ

infecção

ልበዳ

vírus

ቫይረስ

HIV / AIDS

ኤድስ

medicamento

ሕክምና

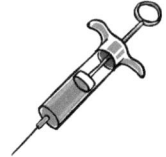

vacinação

ክታብ

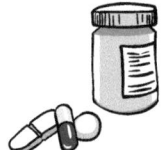

comprimidos

ኪኒና

pílula

ኪኒና

chamada de emergência

ህጹጽ ምድዋል

dispositivo de medição de
pressão arterial

መዕቀኒ ጸቕጢ ደም

doente / saudável

ሕሙም / ጥዑይ

Socorro!

ሓገዝ

alarme

ኣላርም

assalto

ምህጃም

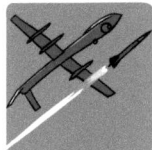

ataque

መጥቃዕቲ

perigo

ድንገት

saída de emergência

ህጹጽ መውጽኢ

Fogo!

ሓዊ!

extintor de incêndios

መጥፍኢ ሓዊ

acidente

ሓደጋ

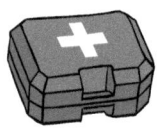

maleta de primeiros
socorros
ሳንጣ ቀዳማይ ረድኤት

SOS

SOS

polícia

ፖሊስ

Europa

ኤውሮጳ

América do Norte

ሰሜን አመሪካ

América do Sul

ደቡብ አሜሪካ

África

አፍሪቃ

Ásia

ኤስያ

Austrália

አውስትራልያ

Atlântico

አትላንቲክ

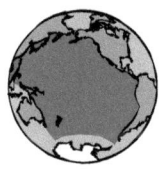

Pacífico

ፓሲፊክ

Oceano Índico

ህንዳዊ ዉቅያኖስ

Oceano Antártico

አንታርቲካዊ ዉቅያኖስ

Oceano Ártico

አርክቲካዊ ዉቅያኖስ

Polo Norte

ሰሜናዊ ዋልታ

Polo Sul

ደቡባዊ ዋልታ

Antártica

አንታርቲካ

Terra

ምድሪ

terra

መሬት

mar

ባሕሪ

ilha

ደሴት

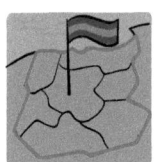

nação

ሃገር

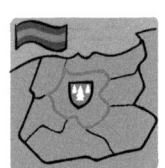

estado

ዓዲ

mostrador do relógio

ገጽ ሰዓት

ponteiro das horas

አመልካቺ ሰዓታት

ponteiro dos minutos

አመልካቺ ደቃይቅ

ponteiro dos segundos

አመልካቺ ካልኢት

Que horas são?

ሰዓት ክንደይ አሎ?

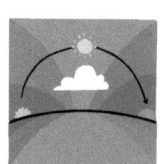

dia

መዓልቲ

tempo

ግዜ

agora

ሕጂ

relógio digital

ዲጊታል ሰዓት

minuto

ደቒቕ

hora

ሰዓት

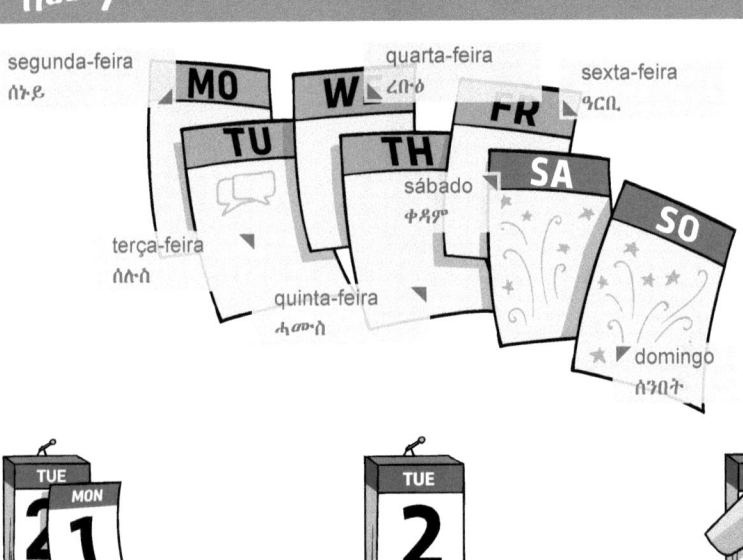

segunda-feira
ሰኑይ

quarta-feira
ረቡዕ

sexta-feira
ዓርቢ.

terça-feira
ሰሉስ

quinta-feira
ሓሙስ

sábado
ቀዳም

domingo
ሰንበት

ontem

ትማሊ.

hoje

ሎሚ.

amanhã

ጽባሕ

manhã

ንጎሆ

meio-dia

ቀትሪ

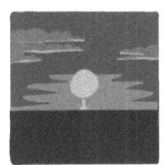

entardecer

ምሸት

MO	TU	WE	TH	FR	SA	SU
1	2	3	4	5	6	7
8	9	10	11	12	13	14
15	16	17	18	19	20	21
22	23	24	25	26	27	28
29	30	31	1	2	3	4

dias úteis

መዓልታት ስራሕ

MO	TU	WE	TH	FR	SA	SU
1	2	3	4	5	6	7
8	9	10	11	12	13	14
15	16	17	18	19	20	21
22	23	24	25	26	27	28
29	30	31	1	2	3	4

fim de semana

መወዳእታ ሰሙን

ano

ዓመት

chuva
ዝናብ
arco-íris
ቀስተ-ደመና
neve
በረድ
vento
ንፋስ
primavera
ጽድያ
outono
ቀውዒ
verão
ሓጋይ
inverno
ክረምቲ

4.APRIL 11°
5.APRIL 4°
6.APRIL 13°
7.APRIL 8°
8.APRIL 10°

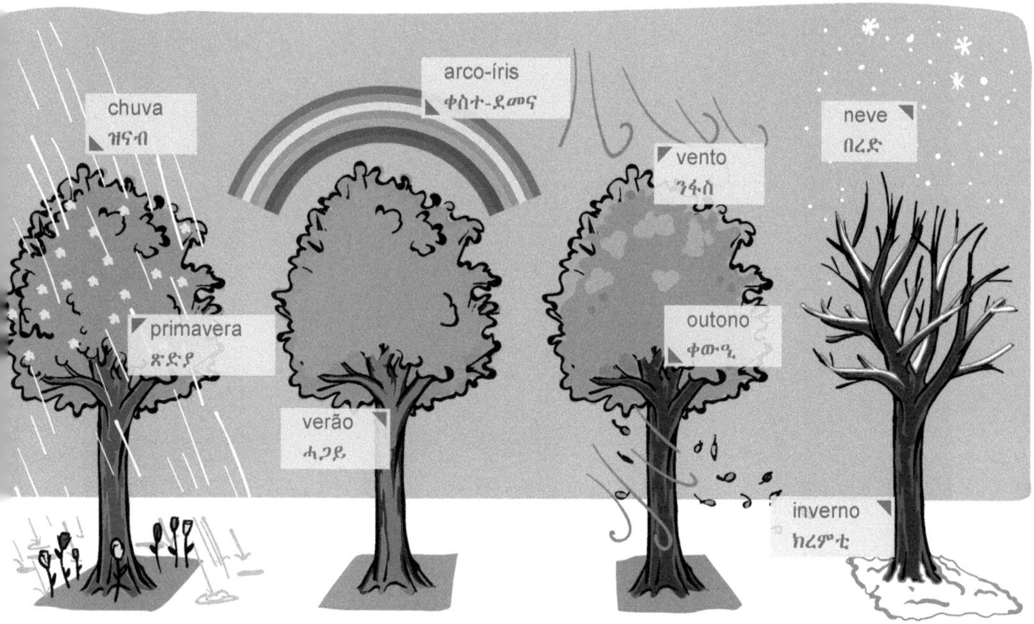

previsão do tempo

ትንቢት ኩነታት ኣየር

F C
120 40
90 30
60 20
30 10
0 0
-30 -10
-20

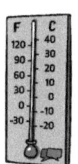

termômetro

ቴርሞመተር

raio de sol

ብርሃን ጸሓይ

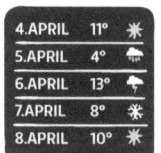

nuvem

ደበና

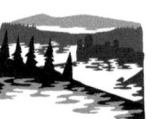

neblina / nevoeiro

ግመ

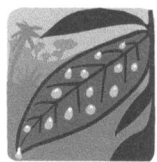

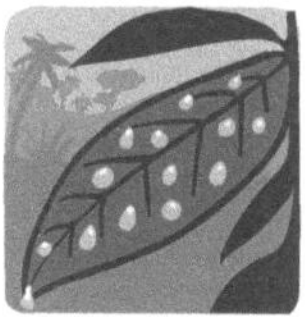

umidade do ar

ጠሊ

relâmpago

ብርቂ

trovão

ነጉዳ

tempestade

ህቦብላ

granizo

በረድ

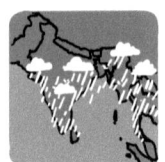

monção

ብርቱዕ ህቦብላ

inundação

ውሕጅ

gelo

በረድ

janeiro

ጥሪ

fevereiro

ለካቲት

março

መጋቢት

abril

ሚያዝያ

maio

ጉንበት

junho

ሰነ

julho

ሓምለ

agosto

ነሓሰ

ano - ዓመት

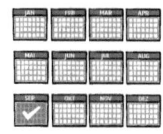

setembro

መስከረም

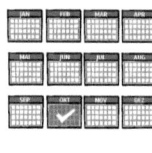

outubro

ጥቅምቲ

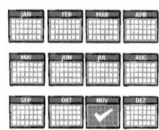

novembro

ሕዳር

dezembro

ታሕሳስ

formas
ቅርጻታት

círculo

ዙርያ

quadrado

ትርብዒት

retângulo

ቅኑዕ ርቡዕ ኲርናዕ

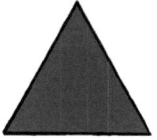

triângulo

ስሉስ ኲርናዕ

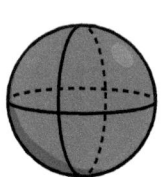

esfera

ክቢ

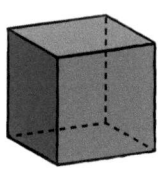

cubo

ኩቦ

branco

ጸዕዳ

amarelo

ብጫ

laranja

ኣራንሺ

rosa

ፒንክ

vermelho

ቀይሕ

lilás

ጀኽ

azul

ሰማያዊ

verde

ቀጠልያ

marrom

ቡናዊ

cinza

ሓሙኽሽታይ

preto

ጸሊም

muito / pouco

ብዙሕ / ውሑድ

furioso / tranquilo

ሕሩቕ / ሰላማዊ

lindo / feio

ጽቡቕ / ክፉእ

começo / fim

መጀመርያ / መወዳእታ

grande / pequeno

ዓቢ / ንእሽቶ

claro / escuro

ብሩህ / ጸልማት

irmão / irmã

ሓው / ሓፍት

limpo / sujo

ጽሩይ / ርሳሕ

completo / incompleto

ምሉእ / ዘይምሉእ

dia / noite

መዓልቲ / ለይቲ

morto / vivo

ሙዉት / ህልው

largo / estreito

ሰፊሕ / ጸቢብ

comestível / não comestível

ደስ ዘበል / ደስ ዘይብል

mau / gentil

እኩይ / ህያዋይ

entusiasmado / entediado

ርቡጽ / ስልኩይ

gordo / magro

ረጒድ / ቀጢን

primeiro / último

ቀዳማይ / ናይ መወዳእታ

amigo / inimigo

ዓርኪ / ጸላኢ

cheio / vazio

ምሉእ / ባዶ

duro / macio

ተሪር / ልስሉስ

pesado / leve

ከቢድ / ፈኲስ

fome / sede

ጥምየት / ጽምየት

doente / saudável

ሕሙም / ጥዑይ

ilegal / legal

ዘይሕጋዊ / ሕጋዊ

inteligente / idiota

መስተውዓሊ / ስዲ

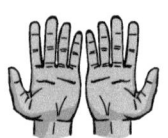

esquerda / direita

ጸጋም / የማን

perto / longe

ቐረባ / ርሑቕ

opostos - ኣንጻራት

novo / usado

ሓዲሽ / ብሉይ

nada / alguma coisa

ዋላ ሓደ / ገለ

velho / jovem

ዓቢ/ኣረጊት / መንእሰይ

ligado / desligado

ወልዕ / ኣጥፍእ

aberto / fechado

ክፉት / ዕጹው

baixo / alto

ህዱእ / ዓው

rico / pobre

ሃብታም / ድኻ

certo / errado

ቅኑዕ / ግጉይ

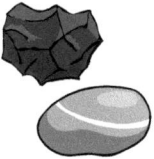

áspero / liso

ሓርፋፍ / ልሙጽ

triste / feliz

ጉሁይ / ሕጉስ

curto / longo

ሓጺር / ነዊሕ

lento / rápido

ቀስ / ቅልጡፍ

molhado / seco

ጥሉል / ንቑጽ

ameno / fresco

ምዉቕ / ዝሑል

guerra / paz

ውግእ / ሰላም

opostos - ኣንጻራት

números

ቁጽርታት

0

zero

ዜሮ

1

um

ሓደ

2

dois

ክልተ

3

três

ሰለስተ

4

quatro

ኣርባዕተ

5

cinco

ሓሙሽተ

6

seis

ሽዱሽተ

7

sete

ሽውዓተ

8

oito

ሸሞንተ

9

nove

ትሽዓተ

10

dez

ዓሰርተ

11

onze

ዓሰርተ ሓደ

12
doze

ዓሰርተ ክልተ

13
treze

ዓሰርተ ሰለስተ

14
quatorze

ዓሰርተ አርባዕተ

15
quinze

ዓሰርተ ሓሙሽተ

16
dezesseis

ዓሰርተ ሽዱሽተ

17
dezessete

ዓሰርተ ሸውዓተ

18
dezoito

ዓሰርተ ሸሞንተ

19
dezenove

ዓሰርተ ትሽዓተ

20
vinte

ዕስራ

100
cem

ሚእቲ

1.000
mil

ሽሕ

1.000.000
milhão

ሚልዮን

inglês

እንግሊዝኛ

inglês americano

አሜሪካዊ እንግሊዛዊ

chinês mandarim

ቻይናዊ ማንዳሪን

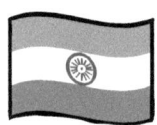

hindi

ሂንዶዊ

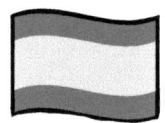

espanhol

እስጳኛዊ

francês

ፈረንሳዊ

árabe

ዓረባዊ

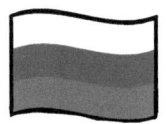

russo

ሩሲያዊ

português

ፖርቱጋላዊ

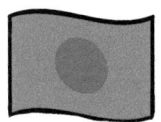

bengalês

በንጋሊ

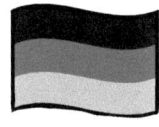

alemão

ጀርመናዊ

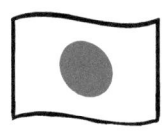

japonês

ጃፓናዊ

eu

ኣነ

você

ንስኻ/ኺ.

ele / ela

ንሱ / ንሳ / ንሱ

nós

ንሕና

vocês

ንስኻ

eles / elas

ንሳቶም

quem?

መን?

O quê?

እንታይ?

como?

ከመይ?

onde?

ኣበይ?

Quando?

መዓስ?

nome

ሽም

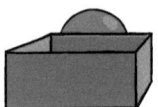

atrás

ድሕሪ

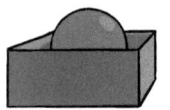

em

አብ

na frente de

አብ ቅድሚ

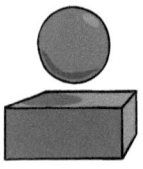

sobre

አብ ላዕሊ

em cima

አብ ልዕሊ

debaixo

ትሕቲ ምድሪ

do lado

አብ ጥቓ

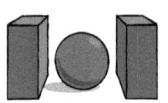

entre

አብ መንጎ

lugar

በታ